EDICT DV ROY,

PORTANT AVGMEN-
tation de droicts de la fonction
des Offices de Controlleurs des
Receptes des Consignations, cre-
ez par Edict du mois de Iuin mil
six cens vingt-sept. *Auril 1695.*

Verifié en Parlemét et Cour des Aydes.

A PARIS,
Par P. Mettayer, A. Estiene, & P. Roco-
let, Imprimeurs ordinaires du Roy.

M. DC. XXXVI.
Auec Priuilege de sa Majesté.

LOVIS par la grace de Dieu Roy de France & de Nauarre, A tous ceux qui ces presentes Lettres verront, Salut. Par noſtre Edict du mois de Iuin mil ſix cens vingt-ſept, regiſtré où beſoin a eſté, pour les cauſes & conſiderations y contenuës, nous auons entr'autres choſes creé & érigé en heredité, vn Office de Controlleur en chacune des Receptes des Conſignations eſtablies par Edict de l'année 1578. & autre ſubſequét de l'année 1594. en toutes les Cours & Iuſtices Royales de ce Royaume, pour tenir regiſtre & controlle de tous les deniers qui ſeront conſignez entre les mains des Receueurs des Conſignations, auoir vne clef du coffre de ladite recepte, & empeſcher que leſdits deniers ſoyent diuertis au pre-

judice des saisies, saisissans & opposan
selon & ainsi qu'il est plus particuliere
mét porté par nostredit Edict d'establis
sement desdits Offices de Controlleurs
desdites Consignations, par lequel nous
leurs auons attribué deux deniers pour li
ure de toutes les sommes qui seront con
signées és mains desdits Receueurs des
Consignations, à prendre sur lesdits de
niers consignez. Mais la modicité dudit
droict de deux deniers pour liure; & le
peu d'exercice & fonction qui a esté attribué ausdits Offices de Controlleurs
des Consignations, a esté cause que la
pluspart d'iceux sont demeurez à vendre:
& auons par ce moyen, esté frustré du
fruict & benefice que nous & le public
pouuions esperer dudit establissement, en
consequence de nostredit Edict: Pour
faciliter & accelerer l'execution duquel,
& faire cesser les grandes plaintes que
nous receuons iournellement des frau

les & abus qui se commettent au manie-
ment desdits deniers des consignations
par les Receueurs d'icelles, qui changét
souuent les especes, les prestent à profit
& interest, diuertissent & employent lesdits deniers à autres effects qu'ils ne sont
destinez, au grand prejudice & domma-
ge du public : Comme aussi pour arrester
le cours des exactions que cómettent or-
dinairement les Notaires que lesdits Re-
ceuours choisissent à leur deuotion, &
employent pour passer les descharges,
quittáces, acquits & autres actes con-
cernans lesdites consignations, pour
lesquels lesdits Notaires exigent des parties qui ont à receuoir les deniers desdites
Consignations le double & le triple; voi-
re encore dauátage, de ce qui leur pour-
roit legitimement appartenir pour leurs
salaires & vacations : à quoy les parties
interessées sont necessitez de condescen-
dre & s'accommoder pour éuiter les lon-

A iij

gueurs, delayemens & remifes que fo[nt]
lefdits Receueurs de leur payer leurs d[e]-
niers qui leur font adjugez. Pour à quo[y]
remedier, Nous n'auons point trouu[é]
d'expedient plus propre & conuenable[s]
que de donner vne ampliation d'exercice & fonction aufdits Controlleurs de[s]
confignations, auec vne ampliation d[e]
leurs droicts & émolumens : à fin qu[e]
par ce moyen ceux qui ont acquis d[e]
nous lefdits Offices de Controlleurs, &
ceux qui en acquerront cy-apres és lieux
où ils reftent à eftablir, fe puiffent honne-
ftement & conuenablement entretenir
en la fonction & exercice defditsOffices,
& y apporter le foin, affiduité & vigi-
lace requife & neceffaire, & par ce moy-
en faciliter la vente qui refte à faire defdits Offices : de laquelle nous auons fait
eftat de retirer quelquesfommes de deniers pour fubuenir aux grandes & extra-
ordinaires defpenfes qu'il nous conuient

pporter pour l'entretenement des gens
e guerre, que nous auons mis sus, pour
l'honneur, reputation & accroissement
de cette Couronne: S ç A V O I R F A I-
ONS, Qu'ayant mis ceste affaire en deliberation en nostre Conseil, où estoient
aucuns Princes , Seigneurs & autres
grands & notables personnages: De l'ad-
uis de nostredit Conseil, & de nostre cer-
taine science, plaine puissance & authorité Royale, N o v s auons par ces presentes signées de nostre main, attribué &
attribuons par forme d'ampliation à chacun desdits Offices de Controlleurs des
Consignations créez par nostre Edict du
mois de Iuin 1627. la faculté à l'aduenir
de passer & receuoir toutes les quittáces,
acquits, descharges & autres actes con-
cernans le faict desdites Consignations,
sans que les Notaires & Tabellions s'y
puissent plus entremettre directement
ou indirectement: Ce que nous leur de-

fendons tres-expreſſement , à peine de
faux. Deſquels acquits & quittances,
deſcharges & autres actes, leſdits Controlleurs outre leurs minutes, feront regiſtres ſeparez, dans leſquels ils regiſtreront
tout au long leſdits acquits, quittances &
deſcharges, qui contiendront comme
par forme de Bordereaux, les eſpeces d'or
& d'argent qui auront eſté payées par les
Receueurs des Conſignations, à ceux auſquels il ſera ordonné, côformes aux meſ-
mes eſpeces qui auront eſté conſignées
és mains deſdits Receueurs des Conſignations, auſquels nous faiſons tres-ex-
preſſes inhibitiôs & defenſes de les chan-
ger ny payer en autres eſpeces, à peine de
peculat. Pour la confection deſquels
regiſtres, & expeditions qui ſeront faites en parchemin par leſdits Controlleurs des quittances, acquits & deſcharges qui y ſeront regiſtrées, Nous leur
auons attribué & attribuons par ceſdites
pre-

presentes, quatre deniers pour liure, qui
seront payez par les adjudicataires des
biens & heritages saisis & adjugez par
authorité de Iustice, mesmes entre volontaires, conjointement auec le prix de
l'adiudication, & sans diminution d'ice-
luy: Et encor six deniers pour liure à pré-
dre sur tous lesdits deniers consignez à
desduire sur les sommes pour lesquelles
les particuliers vn saisissant serót vtilemét
colloquez en ordre. Et à proportion desquels six deniers pour liure (qui ne se
pourront neantmoins prendre sur les de-
crets volontaires, ains seulement sur les
forcés) ensemble desdits quatre deniers
& deux deniers, faisans en tout douze deniers pour liure: Nous voulons que lesdits Controlleurs soient payez par lesdits
Receueurs, qui à ce faire seront cótraints
à l'instant que lesdites consignations auront esté faites, & qu'il soit fait mention
desdits six deniers par la quittance qui en

sera expediée, sans, qu'à l'occasion de l
desduction d'iceux, lesdits particuliers e
puissent pretendre aucune repetition
sur le saisi ny autres. Et si apres l'ordre &
distribution il y auoit des deniers reue
nans bon, ils seront baillez au saisi, san
que sur iceux lesdits Receueurs puissen
retenir lesdits six deniers pour liure qui
leur seront rendus par ledit Controlleur
qui les aura receus, à quoy faire il sera
contraint par les mesmes voyes. Et par
ce que ceux qui ont acquis lesdits Offices de Controlleurs des Cosignations en
aucunes Cours & Iurisdictions, receuró
vn grand profit & benefice de la presen-
te augmétation de droicts & fonctions;
Nous voulons qu'ils soiét tenus de payer
en nos Parties Casuelles, les sommes
ausquelles ils seront pour ce moderemét
taxez en nostredit Conseil par forme de
supplémét, qui leur tiendrót lieu de finan-
ce, tout ainsi que celle qu'ils ont payée

Pour le prix & adjudication defdits Offices de Controlleurs defdites Confignations : à faute dequoy faire dans le temps
qui leur fera prefix, nous voulons qu'il
foit procedé à la reuente defdits Offices
auec ladite augmentation, tant ancien-
ne que nouuelle, les formalitez en tel
cas requifes, gardées & obferuées. Si
DONNONS EN MANDEMENT à nos amez
& feaux Confeillers les Gens tenans no-
ftre Cour de Parlemét & Cour des Aydes
à Paris, que ces prefentes ils facent lire, pu-
blier & enregiftrer, & le contenu en
icelles, garder & obferuer de point en
point felon leur forme & teneur, fans
permettre ny fouffrir y eftre donné au-
cun trouble ny empefchement : Non-
obftant oppofitions ou appellatiós quel-
conques, Edicts, Declarations, Arrefts,
Reglemens & autres lettres à ce contrai-
res, aufquelles & à la dérogatoire des dé-
rogatoires y côtenuës, nous auons déro-
B ij

gé & derogeons par ces presentes. Car tel est nostre plaisir. Et afin que ce soit chose ferme & stable à tousiours, nous y auós fait mettre & apposer nostre seel. DONNE' à S. Germain en Laye au mois d'Auril, l'an de grace mil six cens trente-cinq : Et de nostre regne le vingt-cinquiesme. Signé, LOVIS : Et plus bas, Par le Roy, DE LOMENIE. Et seellées en lacs de soye rouge & verte du grand sceau de cire verte : Et à costé, VISA : Et plus bas est écrit.

Registré, Oüy le Procureur general du Roy, pour estre executé selon sa forme & teneur ; aux charges contenuës en l'Arrest de ce iour. A Paris en Parlement le trentiéme Juin mil six cens trente-cinq.

Signé,   DV TILLET.

Leu, publié & registré par le comman-

...dement du Roy, porté par Monsieur Fre-
...re vnique de sa Maiesté, Duc d'Orleans,
...assisté du sieur d'Estrée, Mareschal de
...France, & des sieurs Aubery & Col-
...moulins Conseillers en son Conseil d'E-
...stat, Ouy & ce requerant son Procureur
...General; A Paris en la Cour des Aydes,
...les Chambres assemblées, le vingtiéme
...iour de Decembre mil six cens trente-cinq.

Signé,   BOVCHER.

***

EXTRAICT DES REGISTRES
de Parlement.

VEu par la Cour, les grand's Chã-
bre, Tournelle & de l'Edict assemblées, les Lettres Patentes
du Roy en forme d'Edict, données à S.
Germain en Laye au mois d'Auril 1635.

signées Louys, & plus bas Par le Roy, De
LOMENIE, & seellées sur lacs de soye
du grand seau de cire verte; Par lesquelles
& pour les causes y contenuës, ledit Sei-
gneur attribuë par forme d'ampliation à
chacun des Officiers de Controlleurs des
Consignations créez par Edict du mois
de Iuin. 1627. la faculté à l'aduenir de passer & receuoir toutes les quittances, acquits, descharges & autres actes concer-
nans le fait des consignations, desquels
acquits & autres descharges ils feront re-
gistres separez. Pour la confection desquels & expeditiós desdites actes en parchemin, leur estre attribué quatre deniers
pour liure, qui seront payez par les adjudicataires des biens saisis & adiugez : Et
encores six deniers pour liure sur tous les
deniers consignez, auec defenses à tous
Notaires de s'entremettre de passer & receuoir lesdites quittances, acquits & autres actes, suiuant & ainsi qu'il est plus au

long porté par lesdites Lettres. Conclu-
sions du Procureur general du Roy, la
matiere mise en deliberation : LADITE
COVR a ordonné & ordonne, Que lesdites Lettres seront registrées au Greffe
d'icelle, pour estre executées selon leur
forme & teneur. A la charge que les Receueurs des Consignations, ne pourront
exercer les charges de Controlleurs, ny
par eux, ny par personnes interposées, Et
que ceux qui les tiennent, seront tenus de
s'en defaire ; Et à la charge aussi que les
Controlleurs pour les expeditions des
quittances ne prendront pour leurs salaires que moderement, & tellement
qu'il n'y ayt plainte : autremént il y sera
pourueu par la Cour. FAICT en Parlement le trentiéme Iuin mil six cens
trente-cinq.

Signé,   DV-TILLET.